Pour Gary !
B. S.

1, rond-point du Général-Eisenhower
31100 Toulouse, France.
editionsmilan.com

Loi 49.956 du 16 juillet 1949 sur les publications destinées à la jeunesse.
Dépôt légal : 2e trimestre 2016.
ISBN : 978-2-7459-7800-4
Imprimé en Chine.

Le GRAND LIVRE DE TOUS LES MÉCHANTS

Michel Piquemal

Illustrations de
Bruno Salamone

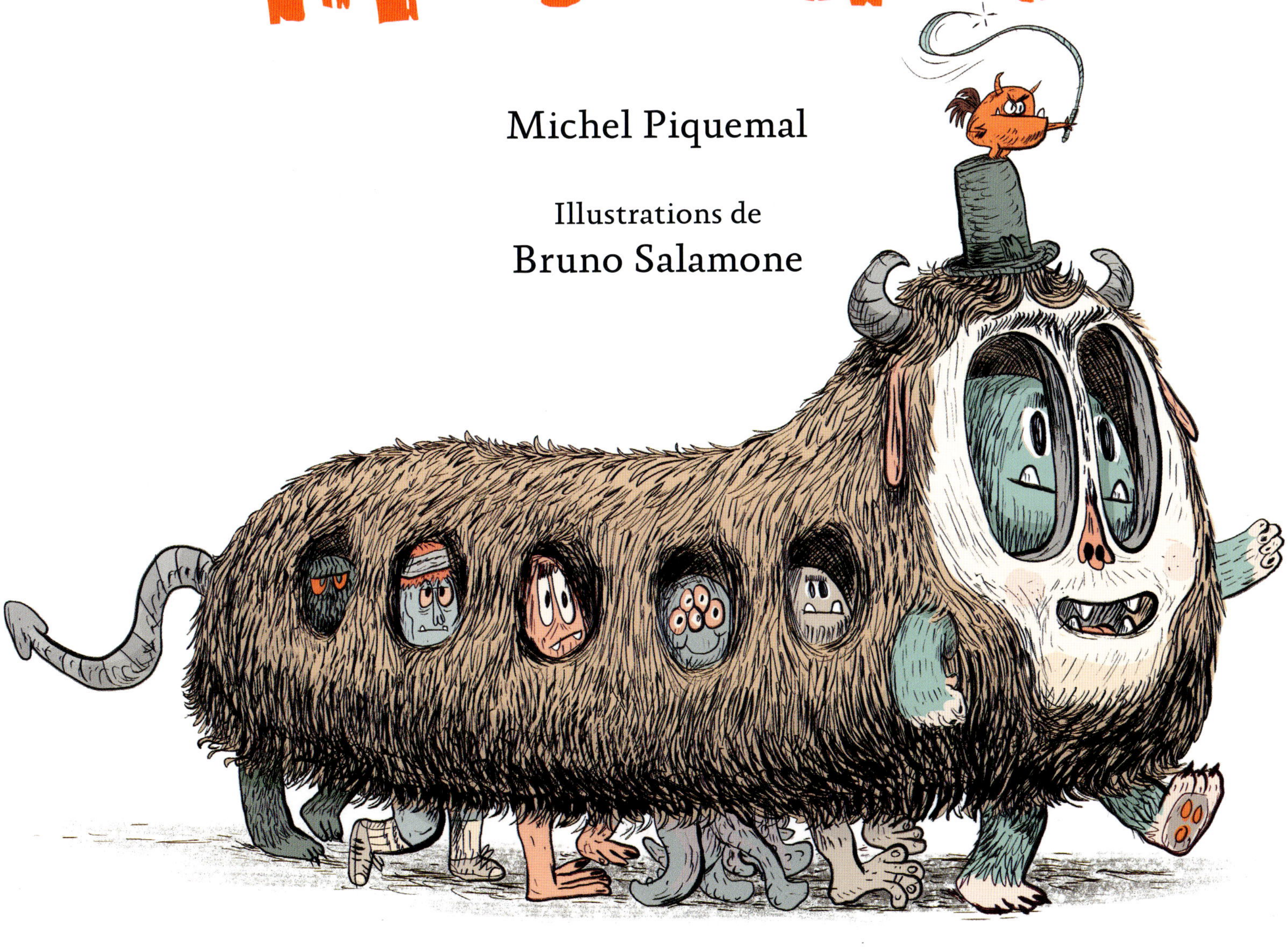

MILAN

Chaque année, pour la pleine lune
de décembre, l'ogre invite tous les méchants
du monde entier à une grande fête.
Géants, vampires, sorciers, croque-mitaines...
Ils viennent tous.
Brrr ! De quoi donner le frisson, les chocottes,
la chair de poule aux plus courageux.

OK

À vous faire dresser les cheveux
sur la tête, claquer des dents,
pisser dans la culotte.
Les dragons arrivent en crachant du feu,
les sorcières sur leurs manches à balai
et les trolls de Scandinavie sortent
des ombres de la nuit.

Même l'abominable yéti quitte ses montagnes d'Asie pour ne pas manquer le rendez-vous !

Évidemment, moi, Luti, le lutin gentil,
je ne suis pas invité…

Mais, cette année, j'y suis allé quand même.
J'en avais assez que les méchants terrorisent les enfants, assez qu'ils leur donnent des cauchemars plus noirs que de vieux placards…

J'ai pris mon talisman,
mon balluchon, et en avant !…

Petit lutin ! Petit malin ! Pénétrer dans le grand château fut pour moi un jeu d'enfant. J'étais si bien caché dans les poils du crâne de King Kong que les fantômes de l'entrée n'ont rien remarqué.

Ah ! la fête était vraiment horrible !
D’abord, il y eut un ballet de squelettes,
accompagné aux castagnettes
par des dentiers dans des assiettes.
Vous auriez eu la trouille de votre vie.
Mais moi, pas du tout ! Car j’avais
emporté mon talisman secret,
ma toute petite amulette…

DISCO 3000

Ensuite, vint le sorcier Beuark, prestidigitateur. Il transforma un papillon en chauve-souris marron. Ah, l’horreur !

ABRACADABRAbeuark !

Puis, roulements de tambours :
l'heure était venue du grand combat
entre Tarentula, l'araignée géante,
et Kraken, la pieuvre. Deux monstres
si repoussants que mes poils du nez
claquaient des dents.

« Je te parie trois gamins grassouillets que Tarentula va gagner, dit un géant à mon gorille.
– Ça marche ! » s'écria King Kong.
Et bing ! Ils topèrent si fort que je tombai de mon perchoir… au beau milieu du ring.
« Voilà un farfadet qui serait bon à grignoter ! » siffla le géant.

Chouette ! Un peu de sang frais !

Oh, oh ! Des petites fesses à fouetter !
Miam-miam ! Un sandwich au lutin !

Vite, vite, je pris mes jambes à mon cou.
Mais tous les méchants me poursuivaient,
plus près, toujours plus près…
Les vampires grinçaient des dents. Les gobelins
se léchaient les babines. Et un grand croque-
mitaine aiguisait ses couteaux.

Vous auriez eu super la trouille.
Moi non, car j'avais mon talisman.
J'ai plongé la main dans ma poche…
Et hop ! Bonjour, Lili la souris !
Il n'y eut qu'un grand cri.

AAAAAAAAAAAAAAA

Sauve qui peut !
Ils s'enfuirent comme des péteux.
Car les méchants n'ont peur de rien,
sauf des toutes petites souris.

Alors je ramassai la baguette
magique qu'une sorcière avait laissée
tomber dans la panique.
Et je prononçai une formule enchantée
que m'avaient apprise les bonnes fées :

ABRACADABRA
MECHANFERMERA
BOUC BOUQUINE
BOUCLERA !

Aussitôt, les murs de pierre
furent transformés en pages
de ce livre. Et tous les méchants
s'y retrouvèrent épinglés,
sans pouvoir bouger, à jamais.

Bien fait ! Les voilà prisonniers.
Ils ne terroriseront plus les enfants.
Ils ne leur refileront plus de vilains cauchemars plus noirs que de vieux placards…

Mais attention lorsque la nuit tombe !
Ferme bien ce livre
pour qu'ils ne s'échappent pas.
C'est un conseil que je te donne.
Et Lili la souris est de mon avis :
« Ferme ce livre chaque nuit.
Et tes cauchemars seront finis. »

Fin